Rolf Kutschera • Norbert Golluch

SCHMUSE-HOROSKOP
FÜR DEN WOLLÜSTIGEN
WIDDER

21. März - 20. April

Eichborn Verlag

Die Deutsche Bibliothek - CIP-Einheitsaufnahme
Golluch, Norbert:
Schmusehoroskop für den wollüstigen Widder / Norbert Golluch ;
Rolf Kutschera. - Frankfurt am Main : Eichborn, 1992
ISBN 3-8218-2330-5

© Vito von Eichborn GmbH & CO. Verlag KG, Frankfurt am Main,
September 1992
Cover: Uwe Gruhle, Rolf Kutschera.
Satz und Layout: Norbert Golluch.
Druck und Bindung: Uhl, Radolfzell.
ISBN 3-8218-2330-5

Verlagsverzeichnis schickt gern:
Eichborn Verlag, Hanauer Landstr. 175, D-6000 Frankfurt/Main 1

Der erotische Steckbrief

Seien Sie gewarnt! Falls Sie ein Widder-Mensch sind oder sich in einen solchen verliebt haben: Sie haben es mit einem ganz besonders problematischen Sternzeichen zu tun! Es besteht die Gefahr gefährlichster erotischer Abenteuer und Affären!

Wesens-Typ
Er: von Kuschelbär bis Super-Romeo
Sie: Vamp, sympathische Nervensäge, einfach ein Schatz

Erotische Fantasie
vorhanden, aber recht alltäglich; eher quantitativ als qualitativ beeindruckend

Anbagger-Schema
aktiv bis kreativ, manchmal konventionell

Kontakt-Masche
Er: Trinkste was mit? Sind Sie beim Film? Ich finde Sie geistig ungeheuer stimulierend?
Sie: Mann, haben Sie ein Profil! Sie erinnern mich an... Mensch, wie hieß er noch gleich? Ich glaube, mein Wagen streikt...

Flirt-Methode

Er: Just-to-get-me-through-the-night-Methode, Schwips-Verfahren, Traumfrauen-Trickkiste, Großstadt-Desperado, Humphrey-Bogart-Show
Sie: Ich brauche Wärme! 13-Cocktail-Verfahren

Fummeltyp

Er: der Erogene-Zonen-Kenner - von Massage bis zum Oswald-Kolle-Tätscheln nach Lehrbuch
Sie: von Bartkraulen bis zum Was-hab-ich-Kalte-Finger-Trick

Knutschtyp
Er & Sie: Zungenbrecher, leidenschaftliche Hochleistungsknutscher, leichter Schmatzer

Verhalten auf dem Liebeslager
Er: Karnickel- bis Hoppeltyp, häufig langstreckentaugliches Stehaufmännchen
Sie: Knallkörper, Vulkan, hin und wieder Windbeutel, akustische Begabung

Lieblingsperversion
Sex vor dem Spiegel, Gruppensex in allen Varianten

Durchschnittliche Zeittendenz der Beziehung
One-Night-Stand, drei Wochen bis vier Monate; nach einmal errungenem Eheversprechen relativ ausdauernd

Der Widder, die Liebe und die Sterne

Das Sternbild Widder gehört zu den Feuerzeichen. Und Widder besitzen einige Eigenschaften ihres Elements: Sie sind feurig, heiß und erotisch nicht ungefährlich. Man(n) und frau kann sich schnell die Finger - und anderes - verbrennen. Und: Widder lassen verbrannte Erde zurück.

Menschen dieses Sternzeichens gelten als energisch wie Meister Propper und zugleich als willensstark und dynamisch wie Schwarzenegger in seinen besten Tagen. Ihre Schattenseiten: Wenn sie auf die eine oder andere Weise „schlecht drauf sind", werden sie egozentrisch wie ein knatschiges Kind, ebenso lärmend laut wie dieses oder gar zerstörerisch und despotisch. Ein gewisser Dr. Mabuse war ein Widder, vermutlich auch ein römischer Typ namens Nero (Ach nein, der war ja Schütze!). Dieser Hang zur Zerstörung wird durch andere astrologische Einflüsse noch unterstützt, denn der Planet des Widders ist der Mars.

Wie Sie vielleicht noch aus dem Repertoire Ihrer klassischen Halbbildung wissen, der Gott des Krieges und des Kriegshandwerkes. Massiv von diesem klassischen Ur-Militaristen beeinflußt wurden nur einige Widder, und die sind alle Zeitsoldaten bei der Bundeswehr. Im übrigen bedeutet die Verbindung zu Mars für Widder vor allem:

* daß sie dienstags am besten drauf sind,
* Eisen ihr Metall ist (Wen wundert's? Heavy Metal und so...),
* die Galle ihr Lieblingsorgan ist (kommt ihnen ständig hoch) und
* die Gerste ihr Lieblingsgetreide (Gerstensaft!).
* Musikalisch bringt es der Ton C voll (Ist das nicht etwas eintönig?);
* literarisch stehen Widder auf den Buchstaben E.
* Widder-Lieblingsfarbe soll, glaubt man den Planetendeutern, Rot (Blut!) sein.

Wilde Mischung, was? Aber so orakeln sie nun mal, die Astrologen.

Die positiven Charaktereigenschaften

Was die Widder in der Liebe so begehrt macht? Ist er nicht ein Wonneproppen, unser Widder? Lebhaft wie ein Gummiball, aktiv wie Radiomoderator in der Frühsendung, spontan wie ein Blitzschlag, temperamentvoll wie ein Araberhengst, mutig wie ein Löwenzahn, begeisterungsfähig wie ein Sektenmitglied, hilfsbereit wie das Rote Kreuz und ganz wie die Treuhand immer zu neuen Unternehmungen aufgelegt - welcher Konkurrent kann da auf Dauer mit? Überdies hält sich der Widder-Mensch auch noch für sportlich, joggt herum wie ein gewisser Boris in der RA(DIOA)CTIV-Werbung (Molke-Drink!), geht zum Squash und macht auch anderen Ortes immer brav Bocksprünge, aber bewahre: immer mit Sinn und Ziel! Niemals ohne Richtung! Denn das läßt sich ein Widder nicht nachsagen, daß er ohne Richtung umherirren würde. Er weiß manchmal nur nicht so ganz genau, wo es langgeht...

Die dunkleren Seiten der Persönlichkeit

Wenn Sie jetzt tatsächlich vorhaben, sich mit einem Widder zu liieren, bedenken Sie bitte unbedingt, worauf Sie sich einlassen! Wehe, wenn der Widder wieder mal seine wilden zehn Minuten bekommt und der Kämpfer durchbricht! Einen Menschen mit so wenig Geduld gibt es unter den übrigen Tierkreiszeichen kaum. Der Widder ist der Typ, der seinen Kaffee manchmal todesmutig als Pulver vom Löffel frißt, weil er nicht auf das Kochen des Wassers warten mag. Zu dieser Ungeduld gesellt sich manchmal Tollkühnheit, die natürlich wiederum der Unfähigkeit zu warten entspringt. Übereilt handelnd, wirft der Widder mit dem Hinterteil um, was er eben mühevoll mit den Händen aufgebaut hat. Wenn man ihn auf seine Fehler anspricht, zeigt der Widder-Mensch seine brüsken Ecken und reagiert aufbrausend oder stocksauer. Und wehe, wenn ein Widder über Macht verfügt! Tyrannisch und rücksichtslos setzt er sich über seine Mitmenschen hinweg und seinen Willen durch. Man kennt das ja aus der großen Politik: **Nikita Chruschtschow** (17. April 1894), **Otto von Bismarck** (1. April 1815), **Adolf Hitler** (20. April 1889), **Jassier Arafat** (21. März 1929), **Hans-Dietrich Genscher** (21. März 1927) und - **Helmut Kohl** (3. April 1930) sind bzw. waren Widder. Sogar **Richard von Weizsäcker** (15. April 1920) gehört zu diesem Sternzeichen, obwohl man es dem gar nicht zutrauen würde...

Die erotische Ausstrahlung des Widders

Wie der Nordpol die Nadel des Kompasses ziehen bestimmte Menschen ihre Mitmenschen erotisch an, und niemand kennt den Grund dafür so ganz genau. Doch! Wir wissen, was Liebhaber in die Arme ihres Gegenüber taumeln läßt wie die Motten ins Halogenlicht: die Sterne! Darauf wären Sie jetzt nie gekommen, was? Die Sterne sind schuld an unwiderstehlichen Blicken, attraktiven Nasen, schwellenden Muskelpaketen, verführerischen Rundungen und lasziv-lockenden Mündern - aber auch an Orangenhaut und Krähenfüßen, an Bäuchen, Glatzen, Schwimmringen, Stoppelhaaren an den falschen Stellen usw. - glauben zumindest die Astrologen... Und auch daran, in welche Hüllen wir unsere Traumkörper zu gewanden pflegen, sollen die leuchtenden kleinen Punkte am Firmament nicht unschuldig sein. Ob Armani oder Woolworth - die Sterne wissen Bescheid!

Die äußeren erotischen Qualitäten der Widder-Frau

Der athletische Körperbau des Sternzeichens Widder sorgt dafür, daß Widder-Frauen schlank und rank bleiben und sich nicht etwa mit den Jahren zur italienischen Mamma aufblähen. Jedoch schmückt sie nicht die zerbrechliche Schönheit der Waage-Damen, sondern sie besitzen einen starken Knochenbau und recht kräftige Muskeln, die ihnen im Kampf gegen zudringliche Machos äußerst gute Dienste leisten. Die niedrige Stirn (aus der frühen

Steinzeit?) überspielt ein geschickter Coiffeur mit der richtigen Frisur. Ob allerdings die Hakennase, die Widdern nachgesagt wird, der Dame gut zu Gesicht steht? Zur Not muß der Schönheitschirurg das Messer wetzen. Erotische Gesamtnote: ziemlich fetzig!

Typische Widder-Frauen, was das Aussehen angeht, waren die Schauspielerinnen **Doris Day** (3. April 1924), **Bette Davis** (5. April 1908) und **Jayne Mansfield** (19. April 1932).

Schick, schicker, Schock - wie die Widder-Frau sich kleidet

Einkaufen ist ihr Hobby - leider. Denn wie auch bei ihrem männlichen Pendant ist die Geschmacksregion im Großhirn der Widder-Frau meist unterentwickelt. Dies versucht die Widder-Dame dadurch auszugleichen, daß sie Unmengen von Modezeitungen konsumiert. Je nach Ausrichtung dieser Blätter gerät das Outfit der Widderin: entweder in Richtung **Doris Day** (3. April 1924) oder aber trendy bis zum Anschlag. Leider vermischt die Widderin dabei Moderichtungen und Subkulturen, so daß manchmal Seltsames herauskommt. Sollten Sie einer Punkerin mit Jutetasche begegnen, die ein Maria-Hellwig-Dirndlkleid über der Michael-Jackson-Schnallenlederhose trägt und dazu die Jacke ihres Jil-Sander-Kostüms lässig über den Ghettoblaster baumeln läßt - so sind sie auf eine Widderin gestoßen. Selbst vor einer Kombination von liturgischem Gewand, Berufskleidung und Freudenhaus-Design schrecken Widderinnen nicht zurück. Randbemerkung: Widder-Frauen zieht es naturgemäß zur Wolle. Sie bestricken nicht nur sich selbst, sondern ihre Partner samt Großfamilie in erschreckender Geschwindigkeit, die an das Tempo der Zunahme des Ozonlochs über Europa erinnert.

Deshalb: Machen Sie einen riesigen Bogen um Wollgeschäfte, wenn sie mit einer Widderin ausgehen. Es sei denn, Sie liebten Strickjacken im Doppelzopf-Muster. Dann lassen Sie das Schaf in ihr und in Ihnen selbst ruhig durchkommen. Mäh!

Und was trägt sie darunter? Alles - von aufreizenden Dessous über Angora-BHs bis zu Omas Wollunterhose - und trotz der aberwitzigen Kombinationen wirkt sie sexy wie Kim Basinger in "9,5 Wochen". Rätselhaft...

Die äußeren erotischen Qualitäten des Widder-Mannes

Der sportliche, muskelbepackte Körper steht dem Widder-Mann ausgesprochen gut. Breite Schultern, kleiner Hintern, wohlgeformte Arme und Schenkel - das mögen die Frauen! Da gibt es keine Schwimmringe, die die prächtige Männlichkeit verunzieren, und auch gegen Bierbäuche nach der Lebensmitte sind Widder-Männer gefeit. Glücklicherweise hält sich ihr Trieb zu noch mehr Muskeln in Grenzen (sie haben ja genug), und so sind anabol aufgerüstete Widder aus dem Kraftstudio recht selten. Auch sonst sind Widder nirgends übermäßig stark entwickelt. Erotische Gesamtnote: anmachend bis affengeil.

Typische Widder-Männer: **Marlon Brando** (3. April 1924), **Anthony Perkins** (4. April 1932), **Terence Hill** (29. März 1940) und **Gregory Peck** (5. April 1916).

Die ästhetischen Ausrutscher: **Eddi Murphy** (3. April 1961), **Charlie Chaplin** (16. April 1889), **Peter Ustinov** (16. April 1921). Übrigens: Ausrutscher in der Körperform hängen mit dem jeweiligen Aszendenten zusammen. Im Falle Helmut Kohl war dies vermutlich das Sternbild Nilpferd oder Müll-Laster...

Wie der Widder-Mann sich kleidet

Am Geschmack hapert es ein wenig. Leider starren Widder-Männer bei der Auswahl ihrer Kleidung immer viel zu intensiv auf das Etikett und das Preisschild, wenn sie mal allein einkaufen. Wenn BOSS oder COLUCCI draufsteht und das nervig melassebraune oder im Herzstillstand-Muster gepunktete Sakko 1.200 Eier kostet, sind sie zufrieden. Leider. Wenn sie mal in einen der riesengroßen Spiegel sehen würden, widerführe ihnen dasselbe wie allen übrigen Menschen, die einem Widder-Mann auf dem Einkaufsbummel begegnen. Erstens würde dem über seine Neuerwerbung überglücklichen Widder auffallen, daß er vergessen hat, das riesengroße Preisschild zu entfernen. Und zweitens würde er raffen, daß er in dem neuen, hyperschultergepolsterten Teil aussieht wie ein Gorilla aus dem Städtischen Zoo auf Wochenendurlaub.

Falls ein Spiegel nicht direkt blind wird - z.B. wegen des Mafia-Nadelstreifens der dazugehörigen Hose. Weshalb man selten derart verunstaltete Widder-Männer im Stadtbild sieht? Weil ihre Partnerinnen ihnen die textilen Neuerwerbungen augenblicklich abnehmen, wenn sie zu Hause vorgeführt werden. 98% aller Widder-Einkäufe landen noch am selben Tag in der Altkleidersammlung. Würden Sie Ihren Partner so herumlaufen lassen? Nach dem dritten Fehlversuch geben Widder-Männer meist auf und kaufen nur noch in Begleitung ein. Bzw. lassen einkaufen, denn ihr Geschmacksurteil ist nicht sonderlich gefragt. Verständlich.

Und was trägt er darunter? Boxershorts, Tarzanslips oder Tangas mit Aufdruck „This machine kills!" oder „Vorsicht, scharfe Waffen!"

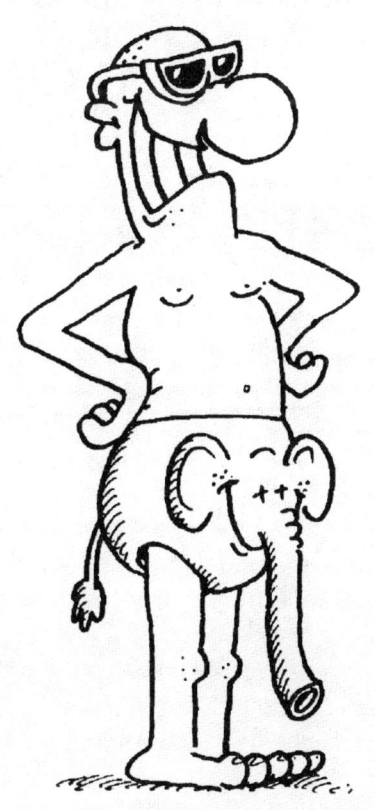

Die inneren erotischen Qualitäten der Widder-Frau

Männer aller Sternzeichen schätzen ihr Feuer, ihre erotische Fantasie und ihre selbstsichere Art und umschwärmen sie wie die Motten das Licht. Dabei verbrennt sich so mancher Bewerber den Rüssel. Denn die Dame ist nicht nur von sich überzeugt und durchaus in der Lage, sich gegen einen Macho zu behaupten; sie versteht es auch, in der Beziehung die Führung zu übernehmen und ihre Anbeter um die Finger zu wickeln. Außerdem stellt sie Anforderungen an ihren Traummann: Er muß nicht nur zärtlich und einfühlsam sein, sondern auch gut in Form. Wie sonst soll er ihr bei ihren ausgedehnten sportlichen Aktivitäten folgen? Männer mit hechelnd heraushängender Zunge sind nicht gefragt. Aber auch brutale Körper-Menschen mag sie nicht, denn im Grunde ihres Herzens ist sie ein zartes, verletzliches Pflänzchen. Sagt sie. Was sie nicht daran hindert, hin und wieder ein Männchen rein zu ihrem sexuellen Vergnügen zur Brust zu nehmen...

Resümee: Nur der Voll-Macho von Format bändigt die Widder-Frau! Schwächere Exemplare der Gattung Mann macht sie locker zur Schnecke.

Die inneren erotischen Qualitäten des Widder-Mannes

Widder-Männer besitzen eine steile erotische Erregungskurve. Blitzartig sind sie auf 180 und verliebt wie ein Schuljunge oder Romeo persönlich - und genauso schnell kommen sie wieder herunter. In der Erregung mimen sie den Hochleistungs-Liebhaber und Mega-Casanova. Manche erfüllen diesen Anspruch durchaus, andere schrumpfen aber zum winzigen Würstchen, wenn die erste Ladung verpufft ist.

Verschärfend kommt hinzu die unglaubliche Ungeduld des Sternzeichens Widder. Nichts, aber auch gar nichts können junge Widder-Männer abwarten. Immer muß alles sofort geschehen. Mit einer solchen Ex-und-Hopp-Haltung gerät ihr Leben zu einer Art Instant-Existenz: Tüte aufreißen, Wasser drauf und fertig ist die große Liebe - oder auch nicht. In den meisten Fällen kann man das Produkt als erotische Fünf-Minuten-Terrine bezeichnen: fad, salzig und ohne jeden Nährwert. Zur Freude aller Beteiligten reift der Widder-Mann mit den Jahren heran und gewinnt auch in seiner erotischen Rolle die nötige Ruhe und Geduld. Vermutlich müssen sich Widder zuerst einmal die Hörner abstoßen.

Nicht nur in der Tanzschule streben Widder die führende Rolle an. Auch in der Liebe sollen alle nach ihrer Pfeife tanzen. Gelingt dies nicht und laufen diesen miesen Tyrannen im Schafspelz die Liebsten gleich im Dutzend davon, schimpfen derartige Widder-Männer mit Vorliebe auf die grauenhaften Emanzen und jammern um den Verlust der echten Frau, wie sie in den Filmen der Fünfziger Jahre zu bestaunen ist: Heim und Herd, Herz und Hose usw. Es braucht eine selbstbewußte Frau von Format, die den Widder-Mann in seine Schranken weist - und ihm auch ein Auto erlaubt, mit dessen Hilfe er sich abreagieren kann.

Langeweile wird in einer Liebschaft mit einem Widder-Mann kaum aufkommen. Sie werden immer etwas zu lachen haben. Wenn es nicht die sexuellen Fantasien des Widder-Mannes sind, die Sie erheitern, dann seine Geschichten von sexueller Spitzenleistung und Potenz: dreiunddreißig Mal in einer Nacht - was haben wir gelacht! Münchhausen ist ein Stümper gegen das sexuelle Jägerlatein eines Widder-Mannes. Wen der nicht alles zur Strecke gebracht hat - und wie feinfühlig er sich damit brüstet!

Der Widder und andere Sternzeichen

Paßt die Turteltaube zum Industrieroboter, der Schmetterling zur Küchenschürze? Was, wenn Filzpantoffel und Seifenblase zusammenleben? Profitieren Sie von der Weisheit der Sterne - hier finden Sie Ihre Idealpartner!

Die Favoriten

Zwischen manchen Sternzeichen klappt es einfach besser als zwischen anderen. Das ganze Universum schwingt im richtigen Takt, und es öffnen sich die Pforten zum Liebesparadies...

✶✶✶ Löwe und Widder
Der Knallfrosch und der König der Wüste - eine ideale Verbindung für Action-Liebhaber. Zwei Sternzeichen, die voller Tatkraft und Energie stecken und die vor allem eines nicht können: nachgeben oder den Kürzeren ziehen. Wen wundert es, daß da die Fetzen fliegen! Die Kinderrutsche im Spaß- und-Freizeit-Bad ist ein Sanatorium gegen diese Liaison. Ständig versucht der eine, den anderen mit einem noch größeren Schwachsinn zu übertreffen, und alle vier Wochen müssen beide in die Nervenklinik. So ist das, wenn zwei Führernaturen aufeinanderprallen. Und zwei Feuerzeichen noch dazu: der eine heiß wie ein Lötkolben, der andere glühend wie ein elektrischer Heizofen... Beide finden es Spitze! Eine tief befriedigende Verbindung.

✶✶✶ Wassermann und Widder
Noch eine Partnerschaft aus dem Wunderland der lustigen Katastrophen. Was die überschießende Energie des Widders an sozialer Ordnung noch halbwegs unbeeinträchtigt zurückläßt, rafft der Einfallsreichtum des Wassermannes dahin. Ein Paar wie Hölle und Teufel. Oder wie Daimler und Benz. Wenn nicht gar wie Dr. Jekyll und Mr. Hyde...

✶✶✶ Schütze und Widder

ergänzen sich in vielen Punkten. Tatkraft und Unternehmungsgeist des Widders und die Reiselust des Schützen gehen eine schöne Ehe ein. Zu Hause wird man die beiden nur selten antreffen. Es profitiert: Ihr Reisebüro!

✶✶✶ Zwilling und Widder

Nicht nur erotisch eine Orgie, sondern vor allem auch konversationsmäßig. Nach heißer Liebesnacht geraten sie zu gern in einen Rausch des Wortes und diskutieren ihr wechselseitiges Liebesleben. Geraten sie sich dabei in die Haare, fassen sie das als Bereicherung ihrer Beziehung auf. Und wenn sie sich nicht gegenseitig ein Ohr abgekaut haben, dann quasseln sie noch heute.

Mit Vorsicht zu genießen...

Bei anderen Sternzeichen hakt es an allen Ecken und Kanten, und die Kraft der Gestirne scheint sich in vieler Hinsicht negativ auszuwirken. Aber: Es ist nicht alles wahr, was gedruckt wird. Freuen Sie sich, wenn ihre Verbindung jahrhundertelang hält - ganz gegen diese dilettantische astrologisch-satirische Prognose!

☆ Fische und Widder

Hält nicht lange frisch! Ein Paar mit absolut konträren Temperamenten: hier der stille, in seiner ausgesuchten seelischen Inneneinrichtung lebende Fisch, dort der flippige, wilde Widder. Das Schuppentier und das Hornvieh passen zusammen wie Rotkäppchen und Rambo. Was nicht bedeuten muß, daß die beiden keinen Spaß miteinander haben. Der Fisch bewundert den Widder wegen seiner grundlos selbstsicheren Art, während der Widder den Fisch um die Tiefen seines Seelentümpels beneidet. Dennoch keine Kiste von Dauer: Der Widder verarbeitet den Fisch auf längere Sicht zu Fischstäbchen, und das zarte Flossenwesen sucht Zuflucht bei Käpt'n Iglo oder in der nächsten Hafenkneipe.

☆ **Jungfrau und Widder**
Da der Jungfrau jede Art von Unordnung und Spontanität zuwider ist, kann ihr der Widder nicht sonderlich sympathisch sein. Wer plötzlich aufspringt, „Jetzt geh'n wir in die Disco!" schreit und dieses auch tut, der muß in den Augen der Jungfrau nicht alle auf der Latte haben. Daß der Widder die Bildschirmorgien (Fernsehen und Computer) der Jungfrau ebenso haßt wie deren haarspalterische Tagesplanung („7.00 Uhr - aufwachen! 7.01 Uhr - linker Fuß vors Bett! 7.02 Uhr - rechter Fuß vors Bett! 7.04 Uhr - ausgiebig gähnen!") und sie deshalb ständig aufzieht, programmiert das komplette Chaos - für beide.

☆ **Krebs und Widder**
Was will der Knallfrosch im Schneckenhaus? Vermutlich nur wieder den Teppichboden einsauen! Der hektische und vor Kraft fast platzende Widder verursacht dem schaumgebremsten Krebs Magendrücken. Weder seine wilden nächtlichen Streifzüge noch seine Sprunghaftigkeit und Unbeständigkeit kann der Krebs dem Widder verzeihen. Dafür hält der Widder den Krebs für den Oberspießer des Tierkreises und weigert sich strikt, auf dessen Träu-

me von Heim, Herd und Familie einzusteigen. Nicht umsonst stehen die beiden Sternzeichen in Opposition.

☆ Skorpion und Widder
Gleichgültig, welches Vorzeichen die Ladung trägt - diese Paarung bedeutet zuviel geballte Energie. Während der Steinbock mehr aus obskur-finsteren Motiven handelt, bringen den Widder Kräfte der aktiv-triebigen Sorte in Schwung. Die erotische Eruption kann gewaltig sein, nach dem Big Bang folgen meist Schweigen und die große Leere...

☆ Stier und Widder
Zwei Hornviecher, das kracht! Wenn auch der wilde Widder eine Weile braucht, bis er das phlegmatische Rindvieh Stier in die Hufe bringt. Meist geht es im ersten Streit um das Bankkonto des Stiers, das durch den Zugriff des Widders erheblich an Fülle verloren hat.

Der zweite Zusammenprall erfolgt, wenn der Stier die Seitensprünge des Widders bemerkt. Wenn sich allerdings die beiden die Hörner abgestoßen haben, erwartet sie ein langes Glück im gemeinsamen Stall.

☆ Steinbock und Widder

Der Widder reißt den Steinbock aus seiner süßen Melancholie und putscht in auf - bis das alpine Klettertier kurz vor dem Ausflippen ist und mit dem Sprung in den Abgrund droht. Im Gegenzug kehrt der Spießbürger Steinbock den Hausmeister heraus und stutzt den spontanen Lebensentwurf des Springinsbett Widder mit Hausordnungen und Lebensregeln solange zurecht, bis dieser nicht mehr weiß, wo hinten und vorn ist - Alptraum!

☆ Waage und Widder

Erotisch nicht eben das Dream-Team! Der Widder, als der Typ mit dem Blitz-Orgasmus bekannt, hat die Höhen der Lust schon hinter sich und orientiert sich erotisch neu, während die harmoniesüchtige Waage noch das Vorspiel mit Wein, Kerzenlicht, Kaminfeuer, Klassik in CD-Qualität und erotischer Wundertüte vorbereitet. Wenn die Waage gerade in Stimmung kommt, liegt der Widder im tiefen Schlaf - und der Schlaf vor Zwölf soll ja der beste sein. Nachts startet der wieder erstarkte Widder meist einen erotischen Überfall, den die übermüdete Waage jedoch locker mit der Vorhand kontert. Für die Waage gilt: keine Musik ohne Harmonium! Auch wenn der Widder noch so wild das Karnickel macht! Doch nicht nur sexuelle Resonanzprobleme schwächen diese Verbindung: Auch wegen allgemeiner Unrast nicht empfehlenswert!

☆ Widder und Widder

Dauersex und Doppelkorn - tun wir's doch noch mal von vorn! Orgasmi, Orgasma, ja, wir sind mit'm Radl da! Derartige Liebeslyrik beschreibt ziemlich genau das Seelenleben in einer Doppel-Widder-Verbindung. Mars, Marx und Aschenbecher, Kampf, Krampf und Kohldampf - die beiden Triebtiere aus dem Sternzeichen Widder stacheln sich zu soviel überschießender sexueller, alkoholischer und sonstiger Energie auf, daß irgendwann der große erotische Kollaps kommen muß - oder gar der Super-Gau!

Der ideale Tag

Ein Dienstag muß es sein, und dazu noch ein Dienstag voller Action: Es genügt eine Rallye, ein Autorennen, etwas Golf, ein Box-Kampf oder eine 1000-km-Motorrad-Tour, und der Widder fühlt sich wohl. Widder-Frauen stehen auf Tennis, Surfen, Aerobic oder Joggen. Auch ein Sommerfest darf es sein - Pfänderspiele, Sackhüpfen, geistreiche Witze vom Alleinunterhalter und ebensolche Getränke. Ja, es sollte Hochprozentiges gereicht werden - z.B. Wodka oder Tequila. Irgendwann - so etwa ab 1,3 ‰ - läßt der Widder dann die Puppen tanzen bzw. das weibliche

Schwein heraus, wie wir einmal salopp zu formulieren belieben. Widder-Frauen werden zur wilden Hummel. Mehr braucht der Widder-Mensch eigentlich nicht, um glücklich zu sein.

Die ideale Nacht

Es liegt auf der Hand, daß dem Widder ruhige Nächte am Kamin mächtig auf die Nüsse gehen. Es geht Widdern und Widderinnen jedoch blendend, wenn die Post abgeht. Doch dafür muß es weder die

Laser-Disco noch die Schicki-Micki-Bar in der Südstadt sein - ihm genügt auch die Eckkneipe, und sie rockt auch im Vereinslokal der Schrebergartenkolonie mächtig ab. Eine Nacht ohne lustigen Schwips oder anregenden Rausch fassen der Widder wie die Widderin als verlorene Nacht auf. Zum Spitzenereignis werden die Stunden nach Mitternacht, wenn man oder frau in neuen Betten mächtig an Erfahrung gewinnen kann...

Die Widder-Frau flirtet

Die Flirt-Palette der Widder-Frau reicht vom eher beiläufigen Anlaß nach dem Motto: „Halten Sie mich bitte einmal fest! Ich brauche etwas Wärme!" über alle Spielarten des Augenklimperns und Knutschmäulchen-Ziehens bis zum „13-Cocktail-Verfahren", das ja unter zahlreichen Sternzeichen zur Anwendung kommt. Nur wendet es die Widder-Dame durchaus nicht passiv, sondern recht aggressiv an: Sie fordert den Herrn ihrer Wahl zum gemeinsamen Trinken auf. Gelingt es nicht, nach dem sechsten oder siebten Whisky seine erotischen Regungen zu wecken, hat sie mindestens einen netten Gefährten an der Bar gewonnen.

Widder-Frauen im erotischen Notstand schrecken auch vor einem anregenden Strip oder verbalerotischen Angeboten nicht zurück. Männer, die hier widerstehen können sind selten. Sehr selten.

Der Widder-Mann flirtet

Er bringt es nicht schlechter als die Widder-Frau, ist jedoch in den Feinheiten weniger wählerisch. Auch läßt er gern den einsamen Großstadt-Desperado heraushängen und versucht es nach dem „Just to get me through the night!"-Verfahren. Der gepflegte Flirt mit „geistiger" Unterstützung, den die Widder-Frau praktiziert, gerät ihm leicht zum Eigentor: Selbstabschuß.

Wenn er in seine Traumfrauen-Trickkiste greift und seinen Knutschbären-Gesichtsausdruck aufsetzt, wissen 98% aller Frauen sofort Bescheid: Aha, ein Widder mit schwerem sexuellen Notstand. Dennoch wirken seine Zeichen - was er für seine perfide erotische Ausstrahlung hält, erkennt seine Partnerin als das, was es ist: plumpe Anmache. Die aber bringt er so nett, daß sie nicht nein sagen kann.

Völlig von der Rolle wirkt seine Humphrey-Bogart-Show (Bogart ist übrigens Steinbock), die aber sein beachtliches komisches Talent zeigt. Er rennt vor Laternenpfähle, weil er die Hutkrempe zu tief gezogen hat, verschluckt dabei die Kippe im Mundwinkel und sagt: „Ich schau dir in die Augen, Kleines!"

mit so unnachahmlich gekonnt-doofer Mantafahrer-Stimme, das sich seine Partnerin in Lachkrämpfen kringelt. Und wenn eine Frau erst über die Witze eines Mannes lacht, ist es bis zum ersten Kuß nicht mehr weit. Klar, daß der Widder sich auch so manche Abfuhr einfängt - aber das hindert ihn nicht daran, es beim nächsten Versuch mit derselben Masche zu probieren. Und siehe da: Diesmal klappt es! Alles in allem: ein Flirt-Genie mit Draufgänger-Image.

Übrigens: Die sicherste Methode, sich einen Widder-Mann dauerhaft zu angeln, ist es, seinen Flirtversuchen hartnäckig zu widerstehen. Das weckt den Kämpfer in ihm, und wenn er um etwas in zäher Auseinandersetzung ringen mußte, freut er sich besonders daran und läßt es - oder sie - nicht mehr los. Lassen Sie ihn also zwei, drei Monate zappeln und strampeln, und sorgen Sie dafür, daß er glaubt Konkurrenten zu haben. Er wird sich einen abbalzen!

Das beeindruckende Geschenk

Der absolute Blumen-Geheimtip: Florales muß a) rot sein und b) in großer Zahl auftreten. Gewaltige Tulpensträuße beeindrucken mächtig. Der Spitzentip: rote Baccararosen. Diese gelten bei Widder-Damen als unwiderlegbarer Liebesbeweis. Sollten Sie lieber Schmuck schenken wollen, so liegen Sie auch hier mit der Farbe Rot nicht falsch. Widder dekorieren sich gern mit Granat oder Rubin. Auch ein Chalcedon tut es, oder, wenn die Knete reicht, ein roter Smaragd. Herrscht eher Ebbe in der Kasse des Schenkenden, darf es getrost auch geschmackvoller Modeschmuck sein. Widderinnen sind da nicht so. Möchte der Geber auf ein originelles Geschenk ausweichen, so wählt die Dame für den Widder-Herrn ein wenig Sportgerät. Vom Boxhandschuh über den Surfer aus Plastik im Plexiglaswürfel bis hin zum Formel-Eins-Rennwagen im Maßstab 1:16 kommt alles Dekorative gut an. Herren beschenken Widderinnen mit Tennisausrüstungen, Aerobic-Stirnbändern oder Joggingschuhen in Pink.

Bleibt noch die Welt der Düfte: zarte und blumige Gerüche aus der Welt der Wiese und Heide kommen an, aber auch traumhaft schwere Düfte des Moschus-Typs sind gefragt. Sie rufen süße Gefühle bei der Widder-Frau hervor, während Duftgranaten Marke „Loulou" und Haremsahnungen Typ „Cleopatra massive" das Tier im Widder-Manne wecken.

Und nicht vergessen: Bringen Sie einer Widder-Frau stets eine Flasche „Chivas Regal" oder sonst etwas mit Schmackes mit! Nicht umsonst sang Widder-Frau **Billie Holiday** (7. April 1915) den Blues so gekonnt. Widder-Männer schätzen „Raki 170%", „Stroh-Rum" und Kräuterschnäpse des „Ratzeputz"-Typs - da merkt man wenigstens was, meint z.B. auch Widder **Marlon Brando**.

Der unfehlbare Liebeszauber
für den Widder-Mann: eine Nacht an der Theke im "Pink Flamingo" oder in der "Wunder-Bar". Für die Widder-Frau: dasselbe in Grün - Escorial Grün zum Beispiel.

Widder und die verbale Liebeswerbung
Ein Wort gibt das andere - wenn es das richtige war, folgen Taten. Nicht alle Sternzeichen sind Meister der mündlichen Liebeswerbung. Manche müssen handgreiflich werden, um zum Ziel zu kommen, oder heroische Großtaten begehen. Wie steht es mit den Widdern?

Die Widder-Frau gesteht ihre Liebe

Standardsatz: „Natürlich liebe ich dich - aber jetzt komm endlich!" Das auch bei der Widder-Frau deutlich ausgeprägte Triebleben, gepaart mit einer diesem Sternzeichen eigenen Ungeduld und Aggressivität, läßt sie in vielen Fällen die Initiative übernehmen. Zahlreiche Schrumpf-Machos ziehen irritiert die Schwänze ein oder flüchten sich in Impotenz und Moral, wenn Widder-Frauen verbal zum Angriff übergehen. Doch keine Angst, Super-Männer, die Widder-Frau macht Euch Eure Domäne nicht streitig: Maschinen-Sex nach negativ-maskulinem Muster bringt die Frau aus dem Sternzeichen Widder nicht. Ohne Liebe läuft im weiblichen Universum gar nichts.

Der Widder-Mann gesteht seine Liebe

Standardsatz: „Logo, daß ich dich affenscharf finde, Helga... äh, Susanne..., ich meine Steffi!" - Die für den Widder typische fickerige Art und die beachtliche Triebenergie des Mannes macht ihn zu einem hilflosen Opfer seiner Lüste und Vergnügungen. Eigentlich meint er es gar nicht so, und nachdem er sich verbal offenbart hat, beruhigt der

Widder-Mann sich meist wieder etwas - bis der nächste Liebesschub ihn überrollt. Sehen Sie es ihm nach - er kann nichts dafür. Die Erotik verwirrt ihm eben die Sinne...

Widder schreiben Liebesbriefe
Wer von diesem Sternzeichen Liebeslyrik erwartet, wird enttäuscht. Der Planet Mars und die angriffslustige Ader des Widders brechen sich literarisch Bahn, wenn er oder sie zu Tinte und Feder greifen bzw. - typisch Widder - ein Liebes-Fax versenden:

Lisa!
Mensch, Frau, was bin ich verrückt nach Dir! Allein, wenn ich Deinen Namen höre und an Deinen süßen ... denke, könnte ich... könnte ich... Ach, überflüssige Faxerei! Ich setz' mich jetzt in meinen Alfa und bretter' los! Bis heute nacht um 3.00 Uhr! Und wärm' die Federn schon mal an!

Dein superscharfer Holger

Die weibliche Variante:

Lieber Horst,
bei unserem Treffen neulich im „Café Sehnsucht" lief es mir heiß und kalt über den Rücken. Den oder keinen, dachte ich mir, als ich Dich da so cool am Kachelofen lehnen sah, und noch wenn ich daran denke, kriege ich so ein merkwürdiges Gefühl in der Magengegend und brauche Wärme, viel Wärme... Uuuh, ahhh... Da fällt mir ein – ich muß ja noch bei Markus vorbei. Tschüß dann, bis bald, und bleib mir treu

Kati

So sind Widderinnen.
Oder zumindest
so ähnlich.

Mit Händen und Füßen - Liebespraxis

Zarte Gefühle - schön und gut. Aber würde es Ihnen gefallen, den Sonntagsbraten immer nur zu beschnuppern? Hach, wie gut der riecht! Ein unpassender Vergleich, finden Sie? Wenn Sie meinen... Wir jedenfalls schneiden uns jetzt ein Stück vom erotischen Braten und verzehren ihn genußvoll. Nicht umsonst spricht man ja von Fleischeslust...

Der Widder kommt zur Sache

Zwar halten Widder-Männer sich häufig für unwiderstehliche Verführer, sind aber in Wirklichkeit eher der Fummeltyp. Aus scheinbar zufälligen Berührungen entwickelt sich schnell eine erotische Attacke, die aber nur bei einigen wenigen Rest-Machos absolut sexfixiert verläuft. Bei zarter Annäherung auf diese handgreifliche Weise bleiben die Folgen nicht aus: Zahllose Widder-Männer fangen sich einen Satz heißer Ohren ein. Das hindert sie jedoch meist nicht, unbeirrt weiterzumachen. Denn wie sagt der Volksmund ebenso treffend wie deftig: Wenn die Hose spannt, schläft der Verstand. Kaum ein Mann im Tierkreis, für den dieser Satz treffender wäre - bis auf den Stier, den Skorpion, den Zwilling, den Löwen, den Schützen, den Wassermann und vielleicht noch die Waage. Aber sonst haben sich alle Männer im Tierkreis sexuell ziemlich unter Kontrolle.

Widder-Frauen haben mit ihrer direkten Art des taktilen Anmachens bei Männern meist mehr Glück. Die sind nämlich häufig durchaus erfreut, wenn ihnen eine zarte Hand über die Schenkel streichelt oder ihnen die haarige Brust krault, die miesen Lustmolche.
Es sei denn, die Widderin erwischt einen verknöcherten Steinbock oder einen jungfräulichen Jungfrau-Mann, der Sex bisher nur vom Hörensagen und aus dem Privatfernsehen kannte.

Übrigens verraten gewisse erotisch-astrologische Regeln mehr über das Sternbild Widder:

> **„Steht Saturn mal im Zenit,
> macht der Widder alles mit!"**

Und:

> **„Trifft Jupiter sich mit Neptun,
> dann liebt der Widder jedes Huhn!"**

Erotisch also volle Kanone (poetisch weniger. Der Setzer). Die Widder-Frau hält, wie schon gesagt, locker mit:

„Steht der Mars am Himmelszelt, gibt's nichts, was Widder-Frauen hält!"

Jetzt müßte man(n) nur noch wissen, wann der Mars am Himmel steht, Ihr astronomisch ungebildeten Astrologentöffel und widerlichen Widder-Frauen-Verführer! Also: Der Mars, das ist so´n roter Stern. Feldstecher raus, den richtigen Moment abwarten und los! Noch ein letzter Hinweis auf die sexuellen Ruhephasen des Widders:

„Kreist die Erde um den Mond, der Widder-Mann den Penis schont."

Sie wissen Bescheid?

Widder und ihre sexuellen Qualitäten

Klar, daß wir Sie nicht alle getestet haben. Wozu auch? Die Sterne verraten ohnehin alles!

Die Lieblingsstellung

Widder lieben Action - Dynamik, Bewegung und Randale. Und: Widder haben es eilig - sogar eilig zum Orgasmus zu kommen. Deshalb bevorzugen unerfahrene Widder - ob Mann oder Frau - Stellungen, in denen sie a) wild herumhoppeln und b) durch aktive erotische Gestik ihre Erregung zum Ausdruck bringen können. Dazu fällt ihnen in ihrer schwach entwickelten erotischen Fantasie meist keine geeignetere Stellung ein, als die eine:

Widder oben.

Nennenswert sind vielleicht noch die Eröffnungsriten, mit denen Widder das Liebesspiel einläuten: Vom Tiefstart mit Startblöcken über den Hechtsprung vom Hochbett bis zur Fallschirm-Attacke aus 2.000 Metern Höhe direkt in die Arme des Liebespartners bieten Widder alles. Sie stehen auf solche Show-Effekte.

Erfahrenere Widder bieten Hochleistungs-Sex. Nicht nur, was die Qualität ihrer Darbietungen angeht - die ist häufig überdurchschnittlich. Nein, die Zahl der Liebesakte, die ein Widder hintereinander praktizieren kann, ist rekordverdächtig. Widder machen Liebe, bis es unter der Bettdecke raucht - erst dann geben sie Ruhe und kühlen ihren strapazierten Liebesmechanismus. Diese Orientierung am Leistungsprinzip gilt stärker für den Widder-Mann als für die Widder-Frau. Frauen aller Sternzeichen waren in dieser Hinsicht schon immer etwas vernünftiger als ihre männlichen Partner. Immerhin gibt es zu denken, daß in 85% aller im Liebesakt zusammengebrochenen Betten zumindest ein Widder oder eine Widder-Frau am Werke waren.

Die Widder-Frau im Liebesrausch

In knappen Worten: Die Widder-Dame bringt es kurz, prägnant und nicht eben leise. Ihr Hobby: Serien-Höhepunkte! Viele, viele kleine Orgies...

Der Widder-Mann im Liebesrausch

Der Höhepunkt beim Widder-Mann läuft etwa so ab: Hechel-hechel-hechel-Urps! - Zack, fertig, aus! Die ekstatischen Höhen des Widder-Mannes erinnern in ihren Amplituden an das Sauerland. Alpine Gipfel erreicht der Widder in puncto Ekstase nur selten. Dafür aber viele kleine Hügelchen der Lust. Und: Ein Kaninchen tut es langsam gegen einen Widder-Mann.

Quickie oder Partner fürs Leben?

In so manchem Falle sollte es beim Quickie bleiben. So einen Knallfrosch und Windbeutel wie den durchschnittlichen Widder heiratet man nicht ohne Grund. Ist dieser aber vorhanden - beiderseitige Liebe - und ist der Nicht-Widder-Partner bereit, gewisse Zähmungsarbeit zu leisten, kann es gutgehen - mit viel Glück und unter guten Sternen.

Wie man sich bettet...

Der Rausch der Liebe hat auch eine banale Seite. Anders gesagt: So wie man sich bettet, schläft man miteinander. Für die paar Sexomanen, die immer noch nicht raffen, daß „miteinander schlafen" auch etwas anderes als Sex bedeuten kann: Hier geht es ums Bubu machen!

Während Angehörige anderer Sternzeichen meist erst nach ihrem Ableben im Grabe rotieren (etwa beim Lesen dieser Buchreihe), erledigen dies Widder schon zu Lebzeiten. Ein Widder wendet sich und die Bettdecke in einer einzigen Nacht so oft, daß schon nach einer Woche jedes Bettlaken durchgewetzt ist und jede Matratze Schleifspuren trägt.

Doch diese Bewegung um die eigene Längsachse genügt Widdern meist nicht. Sie streben zudem nach vertikaler Aktivität und schlafen wie eine Bettfeder: immer auf dem Sprung. Selbstredend, daß zwei Menschen in einem solchen Bett genau einer zuviel ist: Raus mit dem Widder aufs Sofa!

Treue? Gelegenheit weckt Triebe...

Im großen und ganzen, sagt die Astrologie, ist der Widder-Mann ein treuer Partner. Was dieses „im großen und ganzen" genau bedeutet, werden Sie, liebe Angehörige anderer Sternzeichen, schon merken. Als echtes Triebtier hoppelt der Widder (Aszendent Kaninchen) auf vielen Wiesen herum, denn seine enorme Energie kann er kaum zügeln. So einen oder zwei Seitensprünge die Woche - treuer geht es unter diesem Sternzeichen nur selten.
Die Widder-Frau übertrifft den Mann dieses Sternzeichens deutlich, glaubt man den Astrologen. Sie soll sehr treu sein. Sozusagen als Ersatz ist sie ausgesprochen eifersüchtig. Viel Spaß!
Die Wirklichkeit jedoch beweist: Als erotische Energiebündel des Tierkreises haben Widder-Menschen Probleme, eine Gelegenheit auszulassen.

Und: Gelegenheit ist immer und überall! Schon das Telefonbuch läßt Widder-Männer an Sex denken. Man stelle sich vor: Gut die Hälfte aller Eintragungen sind Frauen, die es zu erobern gilt!

Ihr ständiger Drang nach Anerkennung kann charakterlich schwache Widder-Männer zu üblen Schürzenjägern werden lassen. Am liebsten wäre es ihnen, wenn sie es sich jede Nacht beweisen könnten: Verdammt, bin ich attraktiv. Noch besser: ein Orden für sexuelle Höchstleistungen. Oder eine Eintragung in das erotische Buch der Rekorde. Und das höchste der Gefühle: allein auf einer einsamen Insel - und endlich einmal nicht mehr müssen!

Vorsicht - Krise! Widder löst Konflikte

Die Konfliktlösungs-Strategien im Sternzeichen Widder:

1. **Mit dem Kopf durch die Wand**
2. **Auf die Hörner nehmen**
3. **Vor den Kopf stoßen**

Wenn Widder sich daran machen, Probleme aus der Welt zu schaffen, produzieren sie meist mittlere

Katastrophen. Mit dem Einfühlungsvermögen eines gutwilligen Wirbelsturmes nähern sie sich dem komplexen Liebes- und Beziehungsleben auch anderer, komplizierter gestrickter Sternzeichen und schaffen es in kürzester Zeit, den kleinen Störfall zum Super-Gau hochzuschaukeln. Dabei wollten sie doch nur das Beste für alle Beteiligten...

Der Problemkreis, für den Widder wirklich taugen, ist heimwerklerischer Natur: Wenn irgendwo eine Wand einzureißen oder ein Mauerdurchbruch zu machen ist, sind Widder Spitze. Mit dem Kopf durch die Wand, ohne Rücksicht auf Verluste...

Widder-Menschen im Alltag

Wer den Alkoholkonsum eines Widders in Spitzenzeiten und sein Durchhaltevermögen bei nächtlichen Festivitäten kennt, weiß, wie der Alltag mit einem solchen Geschöpf beginnt: Der Widder schnarcht bis in die Puppen, der Partner macht das Frühstück. Erwacht der Langschläfer am späten Nachmittag, kann von Alltagsbewältigung nicht immer die Rede sein. Zuerst muß sich der Widder-Mensch einmal regenerieren, was nicht bedeutet, daß nachher die Phase der sozialen Zuverlässigkeit beginnt. Sicher schätzt der Widder in solcher Situation Pünktlichkeit, Arbeitseifer, Ordnungssinn und Teamgeist hoch ein - bei anderen. Hausarbeit fürchtet er nicht, denn es findet sich immer jemand, der sie für ihn erledigt. Mülleimer schweben immer irgendwie zur Tonne und Aschenbecher leeren sich wie durch ein Wunder von selbst. Selbst die schmutzigen Socken, die Widder-Männer immer irgendwo liegenlassen, verdunsten oder verflüchtigen sich sonstwie in eine höhere Dimension - und tauchen dann glücklicherweise wieder sauber im Wäscheschrank auf. Seine Stärken im Alltag liegen, so meint der Widder, im Bereich Geselligkeit, Friede, Freude, Eierkuchen. (Den mag er übrigens gern.) Für ihn, den Optimisten, stellt der Alltag kein Problem dar. Aber häufig ist er, der Widder, eines für den Alltag der anderen...

Widder und das liebe Geld

Die Pleite gehört für den Widder zum gewohnten Normalzustand, denn die einzige Verwendung, die Widder für Geld sehen, ist es auszugeben, es aus dem Fenster zu werfen und für unsinnigen Kram zu verprassen. Sparen jedenfalls kommt nur für völlig degenerierte Exemplare unter diesem Sternzeichen in die Tüte, und das Konto eines Widders ist ständig bis zum Anschlag überzogen. Nur einige seltene Exemplare mit dem Aszendenten Sparschwein kommen zu Besitz.

Besorgniserregend finden Widder den Zustand ohne Geld nicht sonderlich. Ihnen sagen andere Werte mehr: Ruhm und Ansehen zum Bleistift. Was bedeuten Zinsen, Zinseszinsen, Kommunalobligationen, Pfandbriefe, Reichtum, Gold und Silber, Grundstücke und Häuser gegen einen Doktortitel? Wozu schnelle Wagen fahren oder Brillanten am Hals spazierentragen, wenn der dazugehörige „Baron" oder die „Gräfin" fehlt? 95% aller Kauftitel Marke Konsul Geyer werden von Widdern erworben und

125% aller Schweizer Schein-Universitäten vergeben ihre Doktoren an Widder, die ihr Geld dafür in jeder Menge auf den Küchentisch des Dekanates blättern. Auch für den Traum, einmal in der Zeitung genannt zu werden oder gar auf dem Bildschirm zu erscheinen, zahlen Widder viel. Wen wundert es, daß ständig Ebbe in der Kasse herrscht?

Widder und das eigene Heim

Die Horrorvision: Bei Widders sieht es aus wie bei Hempels unterm Sofa. Nein, es ist nicht das kreative Chaos des Wassermanns und schon gar nicht der Ein-Gegenstand-ein-Gefühl-Haushalt des Fisches. Hier liegt einfach alles in der Gegend herum, und die letzte Putzfrau hat im frühen Paläozoikum gekündigt. Seither wächst die Unordnung sich zu einer Art kosmischen Entropie aus: Gebrauchte Socken in der Mikrowelle, Zeitungsberge auf dem Eßtisch, Kippen in jeder Topfpflanze und Bierdosen im Aquarium. Auf der Staubschicht, welche die Rudimente des Teppichbodens gnädig verhüllt, ließen sich Champignons züchten, und kein Blick von außen wird je die Fenster durchdringen, die von einer sattgelben Schicht des edlen Fettes bedeckt sind, mit dem Mutter Widder immer die Pommes-Frites aus dem Tiefkühlfach für die Kleinen gart.

Die Wirklichkeit: Nicht ganz so übel wie der soeben geschilderte Alptraum, der aber in der Richtung nicht falsch lag. Der Widder-Mann muß sich um anderes kümmern, an seiner Wohnung will er sein Mütchen nicht kühlen. Schließlich warten Beruf und Karriere - und erotische Abenteuer. Natürlich strebt auch die moderne Widder-Frau nicht nach Hausputz, sondern nach Höherem. Leider fällt sie beim Streben oft mächtig auf die Nase, weil sie über den Küchenabfall stolpert. Ihr Gatte gerät in Konflikt mit einer leeren Bierdose, die er gestern vor dem Fernseher vergaß.

Ein trautes Heim!

Wenn Kinder kommen

Katastrophen kommen ebenso unverhofft wie Kinder - meinen Widder-Menschen. Katastrophale Zustände stellen sich schnell ein, denn Widder sind oft alles andere als einfühlsame und geduldige Eltern. Konflikte versuchen sie zunächst mit großem Geschrei und Gefluche, Schadensfälle mit untauglichen Befehlen wie „Sofort holst du meine Videokamera aus dem Aquarium!" zu bewältigen.

Erfolglos wie auch Disziplinierungsversuche nach Widder-Art: „Verdammt! Seit zweiundvierzig Minuten warte ich jetzt darauf, daß sich meine Frau Tochter aus dem Bad bequemt! Seit dreiundvierzig Minuten! Seit vierundvierzig Minuten..."

Widder-Mütter tendieren immer noch zu einer fundierteren Erziehung als Widder-Väter, von denen ihre Kinder nur eines lernen können: die Art und Weise, in der man wie von der Tarantel gestochen durch die Gegend hetzt. Widder-Väter nennen das Leistungs-Streß oder gar „Karriere machen". Die Einschätzung ihrer Sprößlinge ist realistischer: „Der Alte titscht heute wieder!"

Prominente und bewährte Widder

Für uns einfache Sterbliche ist es immer wieder ein besonderes Vergnügen, Nähe oder gar Übereinstimmung mit den Größen der Zeit oder der Geschichte zu spüren.

Genießen Sie es also ausgiebig, dieses seltene Gefühl - all diese bedeutenden Menschen wurden in Ihrem Sternzeichen geboren - ausgerechnet!

Macht und Einfluß

Hans-Dietrich Genscher	21. März 1927
Jassier Arafat	21. März 1929
Otto von Bismarck.	1. April 1815
Helmut Kohl	3. April 1930
Richard von Weizsäcker	15. April 1920
Nikita Chruschtschow	17. April 1894
James A. Baker	18. April 1930

Schaumschläger, Gaukler & Genies

André Heller	22. März 1947
Erich von Däniken	14. April 1935
Leonardo da Vinci	15. April 1452

Erotische Ereignisse

Giacomo Casanova	2. April 1725
Tim Curry („Rocky Horror Picture Show")	19. April 1946

Musikalische Größen

Johann Sebastian Bach	21. März 1685
Arturo Toscanini	25. März 1867
Aretha Franklin	25. März 1942
Diana Ross	26. März 1944
Mstislav Rostropowitsch	27. März 1927
Eric Clapton	30. März 1945
Muddy Waters	4. April 1915
Herbert von Karajan	5. April 1908
Billie Holiday	7. April 1915
Chris Barber	17. April 1930

Dichter & Denker

Maxim Gorki	28. März 1868
Hans Christian Andersen	2. April 1805
Emile Zola	2. April 1840
Johannes Mario Simmel	7. April 1924
Lew Sinowjewitsch Kopelew	9. April 1912
Samuel Beckett	13. April 1906

Wilhelm Busch	15. April 1832
Tania Blixen	17. April 1884

Sportler

Ayrton Senna	21. März 1960
Sepp Herberger	28. März 1897
Erich Ludendorff	9. April 1865
Gustav „Bubi" Scholz	12. April 1930
Garri Kasparow	13. April 1963

Künstler

Vincent van Gogh	30. März 1853

Im Dienste der Wissenschaft

Wernher von Braun	23. März 1912
Wilhelm Conrad Röntgen	27. März 1845

Größen der Leinwand

Marcel Marceau	22. März 1923
Terence Hill (eig. Mario Girotti)	29. März 1940
Warren Beatty	30. März 1937
Doris Day	3. April 1924
Marlon Brando	3. April 1924
Eddi Murphy	3. April 1961
Anthony Perkins	4. April 1932

Bette Davis   5. April 1908
Charlie Chaplin   16. April 1889
Peter Ustinov   16. April 1921
Gregory Peck   5. April 1916
Jayne Mansfield   19. April 1932

Mit üblen Folgen...
Adolf Hitler   20. April 1889

Übrigens...
...wenn Sie mit dem Inhalt dieses Buches nicht zufrieden sind, wenden Sie sich doch an den

Bundes-Astrologen-Verband e.V.
Sternenstr. 123
1234 Humbug 13

Die wissen es sicher besser!

JAVAANSE JONGENS